非遗中国行系列

沿着黄河学非遗

郑 军 徐丽慧 文
张 宇 杨舒涵 图

山东画报出版社
济南

图书在版编目（CIP）数据

沿着黄河学非遗/郑军，徐丽慧文；张宇，杨舒涵图.—济南：山东画报出版社，2024.5
（非遗中国行系列）
ISBN 978-7-5474-4916-5

Ⅰ.①沿… Ⅱ.①郑… ②徐… ③张… ④杨… Ⅲ.①黄河－非物质文化遗产－中国－青少年读物 Ⅳ.①K928.42-49

中国国家版本馆CIP数据核字（2024）第096295号

YANZHE HUANGHE XUE FEIYI
沿着黄河学非遗
郑　军　徐丽慧　文
张　宇　杨舒涵　图

责任编辑　郭珊珊
美术编辑　王　芳
装帧设计　郑　军　丁文婧

主管单位　山东出版传媒股份有限公司
出版发行　山东画报出版社
　　　　　　社　　址　济南市市中区舜耕路517号　邮编 250003
　　　　　　电　　话　总编室（0531）82098472
　　　　　　　　　　　市场部（0531）82098479
　　　　　　网　　址　http://www.hbcbs.com.cn
　　　　　　电子信箱　hbcb@sdpress.com.cn
印　　刷　山东临沂新华印刷物流集团有限责任公司
规　　格　210毫米×210毫米　12开
　　　　　5印张　128幅图　10千字
版　　次　2024年5月第1版
印　　次　2024年5月第1次印刷
书　　号　ISBN 978-7-5474-4916-5
定　　价　39.00元

如有印装质量问题，请与出版社总编室联系更换。

前 言

有一条金黄色的大河，她的名字很响亮，叫黄河。

这条黄河啊，是一条自然的河，更是一条文化的河。千百年来，她从世界屋脊出发，九曲蜿蜒，奔流入海。黄河养育了无数中华儿女，也孕育了中华民族的灿烂文化，其中的非物质文化遗产，是蕴含着独特民族记忆、审美情感的历史"活态"存在。

山有根，水有源，我们中华民族的根源就是黄河。

讲好"黄河故事"，弘扬黄河文化，就让我们从了解黄河沿岸的非物质文化遗产开始吧！

什么是非物质文化遗产?

非物质文化遗产简称"非遗",指的是各族人民世代相传,并视为其文化遗产组成部分的各种传统表现形式,以及与传统文化表现形式相关的实物和场所,包括传统美术、书法、音乐、舞蹈、戏剧、曲艺和杂技,传统技艺、医药和历法,传统礼仪、节庆等民俗,传统体育和游艺等。非物质文化遗产是中华优秀传统文化的重要组成部分,是中华文明绵延传承的生动见证,是连结民族情感、维系国家统一的重要基础。

目 录

青海省的非物质文化遗产 / 4
    土族盘绣 / 4
    藏族唐卡 / 6

四川省的非物质文化遗产 / 8
    四川竹琴 / 8
    绵竹木版年画 / 10

甘肃省的非物质文化遗产 / 12
    庆阳香包 / 12
    环县道情皮影戏 / 14

宁夏回族自治区的非物质文化遗产 / 16
    麻 编 / 16
    牛头埙 / 18

内蒙古自治区的非物质文化遗产 / 20
    马头琴 / 20
    皮 艺 / 22

陕西省的非物质文化遗产 / 24
    绥德炕头石狮 / 24
    凤翔泥塑 / 26

山西省的非物质文化遗产 / 28
    黎侯虎 / 28
    平遥推光漆器 / 30

河南省的非物质文化遗产 / 32
    方城石猴 / 32
    淮阳泥泥狗 / 34

山东省的非物质文化遗产 / 36
    鲁 锦 / 36
    曹州面人 / 38
    曲阜楷木雕刻 / 40
    东昌葫芦雕刻 / 42
    济南泥塑兔子王 / 44
    齐河黑陶 / 46
    惠民泥塑 / 48
    博兴柳编 / 50
    博山琉璃 / 52
    潍坊风筝 / 54
    黄河口民间草编 / 56

青海省的非物质文化遗产

黄河的源头在青藏高原巴颜喀拉山的北麓，从这里开始，黄河一路奔腾向前。这里有扎陵湖和鄂陵湖，还有国内最大的内陆湖——青海湖。青海省的非物质文化遗产有土族盘绣、藏族唐卡等。

土族盘绣

土族盘绣，是青海省互助县土族民间传统美术工艺。它的用料非常考究，加工也非常精细。通常以黑色纯棉布做底料，然后再用其他面料剪成各种形状贴在上面。盘绣采用丝线绣，色彩有红、黄、绿、蓝、桂红、紫、白等七色绣线，一般七色俱全，配色鲜艳而又协调。

（2006年，土族盘绣被列入第一批国家级非物质文化遗产代表性项目名录，项目编号：Ⅶ-24。）

藏族唐卡

唐卡也叫唐嘎、唐喀，是藏文音译，指用彩缎装裱后悬挂供奉的宗教卷轴画。唐卡具有鲜明的民族特点和浓郁的宗教色彩，用明亮的色彩描绘出神圣的世界。唐卡采用金、银、绿松石、玛瑙等珍贵的矿物宝石和藏红花、大黄、蓝靛等植物为颜料，这些天然原料保证了所绘制的唐卡历经百年仍色泽鲜艳。

（2021年，藏娘唐卡、班玛马尾钉线绣唐卡、化隆唐卡被列入第五批国家级非物质文化遗产代表性项目名录，项目编号：Ⅶ-14。）

四川省的非物质文化遗产

黄河弯弯曲曲地往东南奔去,来到了四川。四川省号称"天府之国",非物质文化遗产数不胜数,有蜀绣、四川竹琴、绵竹木版年画、古蔺花灯、羌族刺绣等。

四川竹琴

四川竹琴又称"渔鼓道琴""道筒",一般长约三尺,其中一端用鱼皮或猪小肠覆盖。表演者斜抱竹琴,用指尖拍击下端,另一手持两块竹制的简板,简板上端系有小铜铃,在相互碰撞下发出清雅的声音。这种乐器看上去很简单,实际上要求演员有很高的功底,在演唱时必须做到心、口、手合一。

(2006年,四川竹琴被列入第二批国家级非物质文化遗产代表性项目名录,项目编号:Ⅴ-76。)

竹琴大师贾树三雕像

绵竹木版年画

绵竹木版年画，因为产于"竹纸之乡"四川省绵竹市而得名。通常是用木版印出轮廓，然后进行填色，表现内容多为戏曲故事、门神、山水花鸟、神话传说等。四川绵竹年画与天津杨柳青年画、山东潍坊年画、江苏桃花坞年画被誉为"中国四大年画"。

（2006年，绵竹木版年画被列入第一批国家级非物质文化遗产代表性项目名录，项目编号：Ⅶ-11。）

甘肃省的非物质文化遗产

黄河由于被岷山山脉挡住，转了个弯又回到青海。然后，再沿着青海湖南边往东流便进入了甘肃。甘肃省兰州市有被称为"天下黄河第一桥"的中山桥，是黄河上最早的铁桥。甘肃省的非物质文化遗产有庆阳香包绣制、环县道情皮影戏、剪纸、洮砚、民间砖雕等。

庆阳香包

庆阳香包俗称"绌绌"或"耍活"，可以做出各种立体造型，并用彩色丝线在彩绸上绣制出各种图案，内装多种气味芳香的中草药研制的细末。庆阳香包绣制按照技艺分藏针绣类、线盘类、立体刺绣类、平面刺绣类四种。香包可以随身佩戴，可以挂于门庭，也可以作为礼物赠予他人，以寓示平安祥和。

（2006年，庆阳香包绣制被列入第一批国家级非物质文化遗产代表性项目名录，项目编号：Ⅶ-26。）

环县道情皮影戏

　　皮影戏，又称"影子戏"或"灯影戏"，是一种以兽皮或纸板为原料，经过选料、雕刻、上色、缝缀、涂漆等几道工序做成人物等剪影，用来表演故事的民间戏剧形式。皮影戏表演时，艺人们在白色的幕布后面，一边操纵皮影，一边用当地流行的曲调讲述故事，同时配以打击乐器和弦乐，具有浓厚的乡土气息。

　　（2006年，环县道情皮影戏被列入第一批国家级非物质文化遗产代表性项目名录，项目编号：Ⅳ-91。）

宁夏回族自治区的非物质文化遗产

黄河穿过甘肃,进入宁夏回族自治区。宁夏素有"塞上江南"的美誉,境内拥有丰富的非遗项目,其中,"花儿"被列入联合国教科文组织人类非物质文化遗产项目名录。另外,还有麻编、牛头埧、固原砖雕、杨氏家庭泥塑等非物质文化遗产。

麻 编

宁夏植物资源丰富,麻编织技艺在民间广泛流传。麻编的原料是麻,其茎皮韧如筋,经过漂洗加工后,通过编、结、搓、拧、缠、钩、缝等几十道工序,可以制作成各种生活用品和工艺品。如今,宁夏麻编在农村已形成文化产业,推动了乡村文化振兴和产业振兴。

(2016年,麻编被列入宁夏回族自治区第四批非物质文化遗产代表性项目名录。)

牛头埙

牛头埙也称泥哇呜或泥箫，是用黏合力强、结实耐用的黄胶泥制作的回族民间乐器。一般装饰着带有鲜明回族文化特征的图案。因其携带便捷，易于演奏，音色优美，深受回族群众喜爱。

（2006年，以牛头埙等为代表的回族民间器乐被列入第一批国家级非物质文化遗产代表性项目名录，项目编号：Ⅱ－63。）

内蒙古自治区的非物质文化遗产

　　黄河出了宁夏，继续往北奔去，来到了内蒙古。内蒙古地域辽阔，至今仍保留着许多独有的传统民俗。如一般在水草丰美、牛羊肥壮的夏季举行传统活动"那达慕大会"，牧民们身着节日盛装，参加或观赏摔跤、赛马和射箭等节目。内蒙古的非物质文化遗产有祭敖包、马头琴、马具制作技艺等。

马头琴

　　马头琴是蒙古族民间传统的拉弦乐器，蒙古语称"潮尔"。马头琴的琴身为木制，长约一米，有两根弦，共鸣箱呈梯形，声音圆润，音量较弱。相传，有一位牧童为纪念曾与其相依相伴的小马，取小马的腿骨为柱，头骨为筒，尾毛为弓弦，制成二弦琴，并按小马的模样雕刻了一个马头装在琴柄的顶部，因而得名马头琴。

（2011年，马头琴制作技艺被列入第三批国家级非物质文化遗产代表性项目名录，项目编号：Ⅷ-124。）

皮 艺

皮艺是在手工鞣制皮革的基础上进行雕镂、镶嵌，图案有简有繁。雕刻造型完成后进行染色，然后组装配套、镶嵌玉石，制作难度较大。皮艺技艺广泛应用于各种生活用具，如皮毛服饰、皮制箭囊、皮壶、马鞍、皮包、皮箱、皮画等。

（2021年，蒙古族皮艺被列入第五批国家级非物质文化遗产代表性项目名录，项目编号：Ⅶ-139。）

陕西省的非物质文化遗产

黄河流经内蒙古河套平原后，就进入了陕西省。在晋陕大峡谷之间，黄河开启了仅有的一段南下之旅。陕西是中国古人类和中华民族文化重要的发祥地之一，有绥德炕头石狮、凤翔泥塑、宝鸡剪纸、西府皮影等非物质文化遗产。

绥德炕头石狮

炕头石狮又称拴娃娃狮子。绥德当地农家会在新生儿满月时用一根红绳一头拴住小孩的手腕或脚腕，另一头拴在炕头石狮上，认为此举能辟邪消灾、保佑平安，因而炕头石狮被看成是娃娃的"守护神"。另外，还可以利用石狮自身的重量限制孩童在炕上的活动范围，防止孩童坠床。

（2009年，绥德炕头石狮被列入陕西省省级第二批非物质文化遗产代表性项目名录。）

凤翔泥塑

凤翔泥塑,当地人称"泥货",其形态夸张、色彩鲜艳,具有独特的乡土气息和民族特色。其制作要经过创作毛稿制模、翻坯、黏合成型、精抛、彩绘、勾线、上光等数十道复杂的工序。2002年、2003年、2007年,陕西省工艺美术大师制作的泥塑马、泥塑羊、泥塑猪,分别被国家邮政局确定为当年的生肖邮票主图案。2017年,中央电视台春晚吉祥物凤尾鸡,就是出自凤翔泥塑的手工艺。

(2006年,凤翔泥塑被列入第一批国家级非物质文化遗产代表性项目名录,项目编号:Ⅶ-47。)

山西省的非物质文化遗产

黄河入山西的第一站是老牛湾古渡，位于晋陕大峡谷的核心地段，这里是黄河与长城并行的典型地段。山西省的非物质文化遗产十分丰富，有黎侯虎、平遥推光漆器、面塑等。

黎侯虎

布老虎是山西民间艺术的代表之一，以山西黎城最为流行。因黎城古称"黎侯"，故名"黎侯虎"。多以绸缎或碎布为原料缝制，并以彩线刺绣或穗子进行装饰，色彩斑斓，栩栩如生。布老虎的形态、风格各异，大小不一，有的粗犷豪放、威风凛凛，有的小巧玲珑、憨态可掬，具有浓郁的乡土气息。

（2008年，黎侯虎被列入第二批国家级非物质文化遗产代表性项目名录，项目编号：Ⅶ-95。）

平遥推光漆器

平遥推光漆器是我国四大名漆器之一,以手掌推出光泽而得名。推光漆器外观古朴雅致,描金彩绘技艺精湛,手感细腻光滑,且环保无毒,抗虫蛀,耐热防潮,经久耐用。

(2006年,平遥推光漆器髹饰技艺被列入第一批国家级非物质文化遗产代表性项目名录,项目编号:Ⅷ-51。)

河南省的非物质文化遗产

黄河继续向东奔腾而去，来到河南境内，黄河上第一个大型水利枢纽工程——三门峡水库就建在这里。河南文化底蕴丰厚，非物质文化遗产资源丰富，有方城石猴、淮阳泥泥狗、洛阳唐三彩、汝瓷等。

方城石猴

方城石猴属于微型石雕工艺品，制作要经过采石、构思、裁石、初雕、细雕、打磨、蒸煮、上色、涂保护漆九道工序。在造型上，有单猴、猴背猴、猴摞猴、马上猴等多种组合形式，刀法简洁，造型古朴。石猴谐音"时候"，即"送好时候"，有喜庆吉祥的寓意。

（2008年，方城石猴被列入第二批国家级非物质文化遗产代表性项目名录，项目编号：Ⅶ-56。）

淮阳泥泥狗

泥泥狗，又称"陵狗"，取材广泛，造型古朴，抽象怪异。通常以黑色为底，然后用大红、黄、白、绿、桃红五色勾画出鲜艳的图案。每个泥泥狗都有孔，可以吹响。有考古专家认为，这些动物造型来自远古人类部落的图腾。泥泥狗具有很高的历史文化价值。

（2014年，淮阳泥泥狗被列入第四批国家级非物质文化遗产代表性项目名录，项目编号：Ⅶ-47。）

山东省的非物质文化遗产

黄河一路奔腾,终于到达山东境内,结束了5464千米的旅行,从东营市垦利区的黄河口镇流入渤海。山东是文化资源大省,有博兴柳编、黄河口民间草编、鲁锦织造技艺、潍坊风筝、曲阜楷木雕刻等非遗项目。

鲁 锦

鲁锦诞生于鲁西南一带,用彩色棉线分经纬织造而成,色彩绚丽似锦,因而被称为"鲁锦"。鲁锦的织造工艺繁复,有轧花、纺线、练染、布浆、挽经、做综、闯杼、掏综、织布等多道工序,精巧构思的纹样对称协调、朴素典雅。

(2008年,鲁锦织造技艺被列入第二批国家级非物质文化遗产代表性项目名录,项目编号:Ⅷ-103。)

曹州面人

曹州面人是山东省菏泽市牡丹区的一种传统塑作艺术。面人是以小麦面和江米面为主要原料,加入适当颜料,分别和成不同色彩的面团,用锅蒸熟,然后借助批刀、塑刀、骨簪、花纹印章等工具,捏塑成各种形状。分"签举式"和"案置式"两种形制。题材多为神话传说、历史故事中的人物或者动物,形象逼真。

(2008年,曹州面人被列入第二批国家级非物质文化遗产代表性项目名录,项目编号:Ⅶ-52。)

曲阜楷木雕刻

楷木雕刻是流行于山东曲阜的一种传统雕刻艺术，为曲阜"三宝"（另两宝为：碑帖、尼山砚）之一。据说，楷木雕刻是由孔子的学生子贡所创，至今已有两千多年的历史。其原材料为当地珍稀植物楷树，雕刻形式有圆雕、浮雕、透雕、镂空雕等，主要的品种有如意、龙头手杖等，雕刻的图案多为龙、凤、八仙、鹤等，寓意好运当头、幸福吉祥。

（2008年，曲阜楷木雕刻被列入第二批国家级非物质文化遗产代表性项目名录，项目编号：Ⅶ-58。）

东昌葫芦雕刻

葫芦代表福禄。在聊城市的东昌府，这种代表福禄的葫芦雕刻非常流行，不但用料考究，而且工艺十分成熟，雕刻的线条流畅宛转，图案内容丰富多样且制作精良，呈现出鲜明的地域特色。

（2008年，东昌葫芦雕刻被列入第二批国家级非物质文化遗产代表性项目名录，项目编号：Ⅶ-61。）

济南泥塑兔子王

老舍在《四世同堂》中描写了这只小兔儿:"脸蛋上没有胭脂,而只在小三瓣嘴上画了一条细线,红的,上了油;两个细长白耳朵上淡淡的描着点浅红;这样,小兔的脸上就带出一种英俊的样子,倒好像是兔儿中的黄天霸似的。"这只小兔子在北京称为"兔儿爷",在济南则称为"兔子王"。

(2016年,济南泥塑兔子王被列入山东省第四批省级非物质文化遗产代表性项目名录。)

齐河黑陶

新石器时代龙山文化中的黑陶,器壁薄如蛋壳而坚硬,厚度仅1～3毫米,表面漆黑有光,以黄河河床特有的纯净细腻的红胶土为原料,采用秘制方法烧制而成。如今,齐河黑陶发扬了原始黑陶黑、薄、光、亮的特点,又加上了富有现代感的造型和纹饰雕刻,使人们在"黑"中看到了光亮。

(2014年,德州黑陶烧制技艺被列入第四批国家级非物质文化遗产代表性项目名录,项目编号:Ⅷ-98。)

惠民泥塑

惠民泥塑又称"娃娃张",是一种古老的传统民俗艺术。其造型古朴,品种繁多,有"牛郎织女""白蛇传""梁祝""武松打虎""孙悟空三打白骨精"等故事中的人物、动物形象,有抱鱼、抱桃坐在莲花上的"坐孩",有装上哨子能发出声音的"响孩",更有狮、猴、鱼、鸡等动物形象,不但造型夸张、色彩艳丽,而且喜庆吉利。

(2011年,惠民泥塑被列入第三批国家级非物质文化遗产代表性项目名录,项目编号:Ⅶ-47。)

会唱歌的泥娃娃！

博兴柳编

博兴柳编发祥于兴福镇一带,已有800多年的历史。原材料是当地湿地生长的蒲草、苇草,以及毛草、柳条、玉米皮、冬麦秆等,多编织成茶垫、坐垫、地垫、储物箱、玻璃瓶套等日用家居工艺品,不但品类齐全,而且造型美观、物美价廉。

(2011年,博兴柳编被列入第三批国家级非物质文化遗产代表性项目名录,项目编号:Ⅶ-55。)

柳条编成小柳墩!

博山琉璃

博山琉璃层次丰富，晶莹剔透，种类繁多，工艺精美。在博山，孩子们经常玩的弹子球就是由琉璃制成的。外观华美、温润如玉的琉璃珍品鸡油黄是博山琉璃的顶级珍品。

（2014年，琉璃烧制技艺被列入第四批国家级非物质文化遗产代表性项目名录，项目编号：Ⅷ-90。）

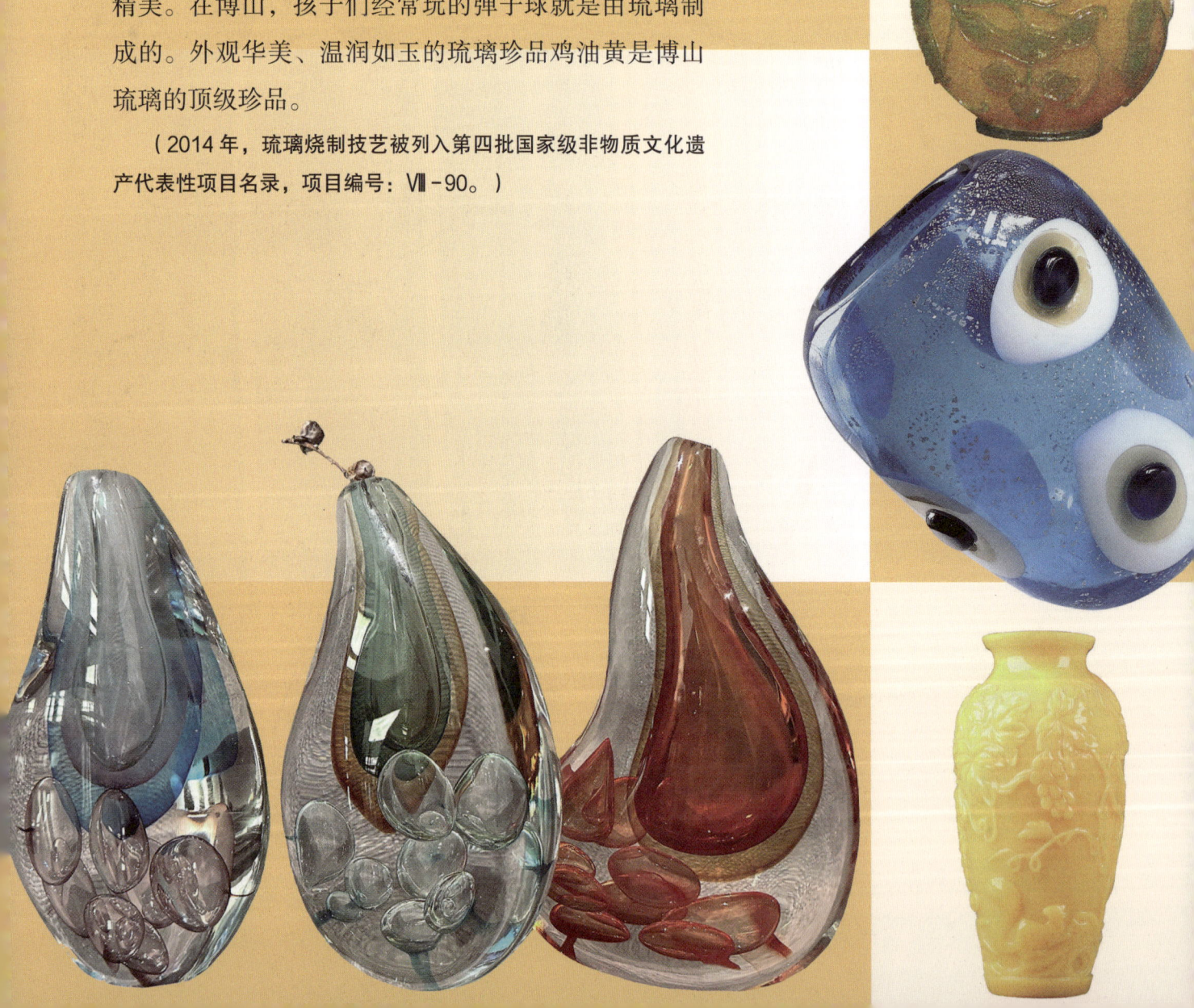

潍坊风筝

潍坊又称鸢都,是风筝的发源地。这里的风筝选材讲究,扎糊精巧,造型优美,形象生动,品种繁多。人物、飞禽、鱼虾、文玩器物、历史人物、神话传说等都是其表现的内容。形式上,分串式、桶式、硬翅、软翅、板式、动态六大类。

(2006年,潍坊风筝被列入第一批国家级非物质文化遗产代表性项目名录,项目编号:Ⅷ-88。)

黄河口民间草编

黄河口民间草编技艺流传于垦利黄河口沿岸地区，采用当地盛产的红高粱秆、玉米皮等纯天然、无污染的绿色环保原料，经过造型、扎胚、剪、削、煮、烤、弯、粘等二十多道工序，精心编制而成。草编坐墩坚固耐用，提篮、果盘经济适用，螃蟹如同刚刚从黄河口爬到岸边，栩栩如生。

（2009年，黄河口民间草编被列入山东省第二批省级非物质文化遗产代表性项目名录。）

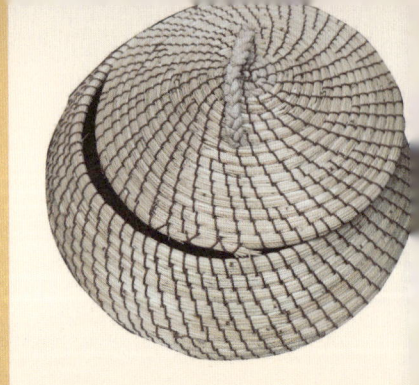